Martin Weimar

Blumensträuße selbst gemacht

Tolle Ideen für die verschiedenen Anlässe und Jahreszeiten

Fotos: Odette Teubner
und Dorothee Gödert

Gestaltung
der Blumensträuße:
Martin Weimar

GU GRÄFE UND UNZER

INHALT

Zu den Fotos auf der vorderen Umschlagseite: Blumen räumlich (→ GRUNDKURS GESTALTUNG, Seite 11) und gruppiert (→ Seite 19) anordnen. Dazu die Stiele spiralförmig anlegen (→ GRUNDKURS TECHNIK, Seite 52).

Sommerlich beschwingter Rosenstrauß

Orchideengesteck von exotischer Schönhe

Anleitung → Seite 28/29).

Anleitung → Seite 44/45).

Einen hübschen Blumenstrauß als Blickfang für die Wohnung oder zum Verschenken selbst zu binden, ist gar nicht so schwierig, wie Sie vielleicht annehmen. Denn in diesem GU Ratgeber Pflanzenschmuck erklärt der Autor Martin Weimar, wie Sie im Handumdrehen lernen, zauberhafte Sträuße zu kreieren.

DER GRUNDKURS GESTALTUNG vermittelt floristische und ästhetische Kenntnisse, die Ihnen helfen, handwerklich perfekte Blumensträuße zu binden und dabei Ihrer eigenen gestalterischen Phantasie freien Lauf zu lassen.

DIE GESTALTUNGS-IDEEN mit zahlreichen Beispielen für attraktive Sträuße regen zum Nachmachen an. Gezeigt werden traumhaft schöne Arrangements für verschiedene Anlässe und Dekorationen rund ums Jahr. Ausführliche Arbeitsanleitungen garantieren, daß jeder Strauß auch gelingt.

DER GRUNDKURS TECHNIK zum Lernen und Üben vermittelt das handwerkliche Know-how fürs Sträußebinden. Mit Schritt-für-Schritt-Fotos, präzisen Anleitungen und vielen Profi-Tips und -Tricks.

Die Fotos: Speziell für dieses Buch sind alle Sträuße vom Autor gestaltet und im Fotostudio Teubner aufgenommen worden.

Ein GU Ratgeber Pflanzenschmuck, mit dem auch Ungeübte phantasievolle Blumensträuße für jede Jahreszeit meisterhaft gestalten können.

Viel Freude beim Sträußebinden wünschen Ihnen der Autor und die GU Naturbuch-Redaktion.

Wichtig

Damit Ihre Freude am Gestalten von Blumensträußen nicht getrübt wird, beachten Sie bitte »Warnung und Hinweis« auf Seite 63.

Schnüre
Kunststoff-Bast

Blumen pflücken ...

und daraus ein Sträußchen binden, das macht Spaß und verbreitet zudem viel Freude – wie jedes Kind weiß. Der Erfolg ist garantiert, denn zum Arrangieren brauchen Sie nicht viel mehr als Phantasie und etwas Fingerfertigkeit. Wie Sie beides üben und die Kunst des Straußbindens vervollkommnen können, lesen Sie auf den nächsten Seiten.

Diese Grundausstattung an Bast, Schnüren und Werkzeug ist hilfreich beim Gestalten von Sträußen.

Schönheit von Natur aus

Stellen Sie einmal einen einzelnen Blütenstiel, etwa eine Lilie oder Rose, in eine Weinflasche. Nichts wurde dabei von Ihnen gestaltet, und dennoch sieht dieses einfache Arrangement wunderhübsch aus. Pflanzen sind eben von Natur aus schön. Noch schöner wirken sie in einem Strauß vereint. Durch geschickte Kombination von unterschiedlichen Pflanzengestalten läßt sich der Charakter jeder einzelnen besser zur Geltung bringen und so eine spannende Gesamtkomposition in den unterschiedlichsten Stimmungen schaffen.

Sträußchen in lockerer oder strenger Halbkugelform, sogenannte »Biedermeier«, sind begehrte Geschenke. Man kann sie aus kurzstieligen oder abgebrochenen Blumen in verschiedenen Größen anfertigen und mit einer Blätter-, Papier- oder Stoffmanschette verschönern (→ Seite 58).

Traditionelle Straußgestaltung

Sträuße hatten bis in unser Jahrhundert vorwiegend einen streng geometrischen Umriß. Noch heute sieht man diese Form bei traditionellen, bäuerlichen Gebinden, zum Beispiel für kirchliche Feste (→ Strauß in strenger Form, Foto rechts). Dabei werden Blütenköpfe, oft in regelmäßigen Mustern, dicht nebeneinander halbkugel- oder pyramidenförmig angeordnet (→ Foto, Seite 64). Wichtig ist ihre farbklecksartige Wirkung, unwichtig die Pflanzengestalt und deren Ausstrahlung.

Da früher langstielige Blumen rar waren, wurden alle Bestandteile solcher Sträuße vorher angedrahtet und dann auf den längsten Blumenstiel oder auf einen Holzstab gebunden. Leider waren diese kunstvollen Gebinde nur kurze Zeit haltbar, da man sie nicht ins Wasser stellen konnte.

Erst vor hundert Jahren begannen Gärtner, langstielige Blumen – sogenannte Schnittblumen – zu züchten. Nicht zuletzt, weil diese teurer als Gartenblumen waren, bezog man beim Blumenbinden neben der dekorativen Blüte nun auch die langen Stiele mit ein. Um jede Pflanze möglichst wirkungsvoll in einem Strauß darzustellen, wurden die Stiele gesäubert und spiralförmig zusammengebunden (→ lockerer Strauß, Foto rechts). Auf eine Verlängerung mit Draht konnte man dabei verzichten. Alle Strauß-Ideen in diesem Buch sind ebenfalls ohne Drähte gestaltet. Wenn Sie Blumen trotzdem einmal formen möchten, helfen Ihnen die natürlichen Biegetechniken (→ GRUNDKURS TECHNIK, Seite 50).

Welches Werkzeug ist nötig?

Die wichtigsten Instrumente beim Straußbinden sind Ihre Hände. Haben Sie etwas Geduld, wenn Ihnen das Arrangieren in der Hand nicht auf Anhieb gelingt. Zum Bearbeiten der Pflanzen brauchen Sie eine Baum- oder Rosenschere und ein kleines Messer (→ Foto, Seite 4/5). Die verschiedenen Materialien zum Zusammenbinden finden Sie in Gartencentern, Bastel- und Blumengeschäften:

- Naturbast aus den Blättern der Raphia-Palme (»Raffia-Bast«) in unterschiedlichen Längen und Portionen. Er wird geschmeidiger und stabiler, wenn man ihn vor dem Binden anfeuchtet.
- Kunststoffbast von der Rolle und in unterschiedlichen Grüntönen ist sehr stabil.
- Dickes Garn und Schnüre anstelle von Bast, oder wenn Sie die Bindestelle dekorativ gestalten möchten.
- Binde- oder Steckdrähte nur bei holzigen Stielen verwenden. Guten Halt erreichen Sie, wenn Sie die Enden mit einer Flachzange fest zusammendrehen (→ GRUNDKURS TECHNIK, Seite 54).
- Lange Gräser oder biegsame Zweige zum Dekorieren einer unschönen Bindestelle. Sie werden wie Bast um die Stiele geschlungen und verknotet (→ GRUNDKURS TECHNIK, Seite 54).

Gleiche Pflanzen unterschiedlich gestaltet: In strenger Form (links) und als lockerer Strauß (rechts).

Mikadostäbchen als Straußmodelle: spiralförmig und mit Waldrebe (links), parallel und mit Sonnenhut (rechts).

Die Straußtechnik

Leicht anzufertigen sind gesteckte Sträuße (→ GRUNDKURS STRÄUSSE STECKEN, Seite 56). Etwas mehr Fingerfertigkeit erfordert das spiralförmige Aneinanderlegen der Stiele in der Hand (→ GRUNDKURS STRÄUSSE BINDEN, Seite 52/53). Für die Mühe beim Erlernen dieser Bindetechnik werden Sie jedoch reichlich belohnt, denn das Ergebnis sind Sträuße »wie von der Floristin gebunden«. Das sieht nicht nur perfekt aus, sondern bietet Ihnen auch viele phantasievolle Gestaltungsmöglichkeiten. Und das sind die besonderen Vorteile:

- Die Blumen stehen »luftig« und nicht gepreßt. Der Blütenabstand ist variabel, weil sich ober- und unterhalb der Bindestelle die Stiele spreizen.
- Jede Pflanze bleibt in ihrer Position. Das gilt sowohl für die Höhe als auch für die Stellung im Vorder-, Mittel- oder Hintergrund. So können Sie die Straußform individuell ausarbeiten und alle Gestaltungsregeln in die Praxis umsetzen (→ Seite 10 bis 15).
- Aus wenigen Pflanzen lassen sich preiswerte und dekorative Sträuße binden.
- Die Stengelspirale sieht nicht nur schön aus, sondern stellt auch ein eigenwilliges Gestaltungselement dar (→ Gräserstrauß, Umschlagrückseite).
- Während des Bindens können Sie den Strauß nicht nur ungebunden ablegen, sondern auch nachträglich leicht Stiele einfügen (→ GRUNDKURS TECHNIK, Seite 55).

Mein Tip: Üben Sie das Erlernen der Strauß-Technik anhand eines Modells aus Mikadostäbchen (→ Foto links). Nehmen Sie dazu ein Bündel parallel stehender Stäbchen (auf dem Foto rechts) und verdrehen Sie die Spitzen gegeneinander. Nun stehen die Stäbchen spiralförmig zueinander (auf dem Foto links), das heißt, genau wie die Stiele im Strauß. Eine pfiffige Vase wird daraus, wenn Sie zwischen den Stäbchen ein Reagenzglas verstecken und alles fest zusammenbinden.

Die Bindestelle

Beim Straußgestalten teilt die haltende Hand die gesamte Stiellänge in zwei Teile. Der Strauß wirkt gut proportioniert, wenn der obere Teil zwei- bis dreimal so lang wie der untere ist. Dabei geht man immer von den längsten Blumen aus. Diese Faustregel kann man variieren, wenn eine bestimmte Gestaltungs-Idee es erfordert.

Damit der Strauß in die entsprechende Vase paßt, müssen die Stiele manchmal stark gekürzt werden. Dann gilt das Verhältnis von Vase zu Strauß (→ Die richtige Vase, unten).
Zusammengebunden wird der Strauß dort, wo Daumen und Zeigefinger die Stiele umfassen.
Wichtig: Alle Stielenden sollten immer gleich lang sein. Ihre Länge unterhalb der Bindestelle richtet sich nach dem Wasserbedarf der Pflanzen.

Die Pflanzenauswahl
Wie Sie einen Blumenstrauß gestalten, ist zunächst einmal abhängig vom gegebenen Anlaß.
Geschenksträuße machen Freude, wenn Sie folgendes berücksichtigen:
• Zu welchem Anlaß wird der Strauß verschenkt? Ist ein repräsentatives Gebinde mit großen, edlen Blüten (→ Foto, Seite 30/31) angebracht oder besser ein kleines (→ Rosenstrauß, Umschlagrückseite)?
• Bevorzugt der Empfänger bestimmte Blumen, Farben und Düfte, oder gibt es Abneigungen?
• Legt der Empfänger Wert auf eine bestimmte Blumenanzahl (→ Marginalie, rechts)?
Dekorationssträuße erzielen die gewünschte Wirkung, wenn Sie folgendes mit einbeziehen:
• Welche Farben und welcher Stil herrschen in der Einrichtung vor?
• Ist Fernwirkung notwendig oder soll der Strauß aus der Nähe betrachtet werden?
• Müssen die Blumen lange halten oder nur kurze Zeit schmücken?
Keine Vorüberlegungen sind nötig, wenn Sie sich ausschließlich von den Pflanzen inspirieren lassen. Dann können Sie diese nach Herzenslust und nur unter Berücksichtigung ihrer Lebensbedürfnisse in Szene setzen.

Abgesehen vom Anlaß ist eine Straußgestaltung aber auch abhängig von der Stiellänge und dem individuellen Charakter der Pflanzen. Blumen sind lebendige Wesen, und keine gleicht der anderen. Zum Beispiel kann dieselbe Pflanzensorte von Einkauf zu Einkauf so unterschiedliche Stengel haben, daß sich ein Strauß nicht zweimal in der gleichen Weise arrangieren läßt.

Pflanzen kaufen, pflücken, sammeln
Das Angebot in Handel, Garten und Natur ist riesig und sieht zu jeder Jahreszeit anders aus. Jahreszeitlich typische Pflanzen sind im Gestaltungsteil vorgestellt (→ Seite 16 bis 47). Natürlich können Sie alle in diesem Buch gezeigten Strauß-Ideen auch mit Pflanzen Ihrer Wahl inszenieren.
Wichtig: Das Gestalten von Sträußen aus selbst gesammelten Wildpflanzen ist reizvoll. Denken Sie jedoch beim Blumenpflücken in der Natur immer zuerst an den Naturschutz. Das heißt, unsere Pflanzen- und Tierwelt darf auf keinen Fall zu Schaden kommen. Ganz unabhängig davon können Sie mit dem Gesetz in Konflikt geraten, denn viele unserer Pflanzen stehen unter Naturschutz. Eine Alternative sind Wildpflanzen aus gärtnerischer Kultur, die es mittlerweile häufig zu kaufen gibt.

Die richtige Vase
In schlichten, einfarbigen Vasen ohne aufdringliches Dekor wirken Blumen am besten. Die Vasengröße richtet sich nach dem Durchmesser der Bindestelle, der Stiellänge und den Ansprüchen der verwendeten Pflanzen. Harmonisch ist das Verhältnis von Vase zu Strauß, wenn es ungefähr 1:2 oder 1:3 beträgt. Individuelle Gestaltungsideen können allerdings davon abweichen.

Gestaltungstip
Ein Strauß aus wenigen Blumen wirkt immer rund, wenn Sie eine ungerade Anzahl an Stielen verwenden, zum Beispiel drei, fünf, sieben oder neun. Damit liegen Sie auch bei Geschenksträußen richtig, wenn nämlich der Beschenkte auf die Zahlensymbolik achtet (→ links).

Die Straußform gestalten

Es gibt unzählige Straußformen. Doch alle basieren auf nur zwei Anordnungsarten: spiegelgleich (symmetrisch) oder nicht spiegelgleich (asymmetrisch).

Symmetrische Sträuße
Wenn Sie ungeübt sind, beginnen Sie am besten mit einem symmetrischen Strauß. Sie benötigen dazu zwanzig halblange Blumen von einer Sorte. Diese ordnen Sie in gleichem Abstand so an, daß die Blütenköpfe von der Seite betrachtet eine geometrische Form, etwa eine Halbkugel oder eine Pyramide, bilden. Ein Wandstrauß wird einseitig gebunden, ein runder Strauß allseitig (→ unten). Dafür ideal sind Rosen oder Tulpen, die es im Bund preiswert zu kaufen gibt.

Blütengesichter schauen sich an.

Gestaltungstip: Die an sich ruhige Ausstrahlung so eines Straußes wird lebhafter, wenn Sie die Blüten staffeln, also unterschiedlich hoch anbringen. Oft reicht es, wenn sich die Blüten überlappen (→ Zinnienstrauß, Umschlagrückseite).

Asymmetrische Sträuße
Ein Strauß mit asymmetrischer Form entfaltet sich nicht nach allen Seiten gleich, sondern hat seinen Schwerpunkt nur auf einer Seite. Er ist geprägt von interessant gewachsenen Pflanzen (→ Foto, Seite 44/45). Damit die Gesamtform dennoch harmonisch wirkt, müssen Sie den optischen Ausgleich schaffen.

Optisches Gleichgewicht
Bei einem Strauß mit symmetrischem Umriß und symmetrisch angeordneten Blüten sehen die beiden Hälften sozusagen gleich schwer aus (→ Foto, Seite 64). Das heißt, der Waagepunkt ist in der Mitte, das optische Gewicht somit ausgeglichen.
Bei einem asymmetrischen Strauß hingegen sieht eine Seite zunächst schwerer aus als die andere. Der Ausgleich muß also durch ein entsprechendes optisches Gegengewicht hergestellt werden. Hier ist der Waagepunkt wie bei einem Mobile seitlich versetzt. Da das optische Gewicht von Pflanzen abhängig von ihrer Farbe und Form ist, kann der Ausgleich sehr vielfältig gestaltet werden:
- Grazil verästelte Zweige wirken leichter als dichte, buschige (→ Heidekraut und Hortensie, Seite 38/39).
- Spitz auslaufende Blüten wirken leichter als kompakte, runde (→ Gladiole und Dahlie, Foto Seite 13).
- Helle Farben wirken leichter als dunkle (→ roséfarbene und rote Rosen, Seite 1).

Darüber hinaus wirkt eine langstielige Pflanze leicht, eine kurzstielige schwer, (→ Foto, Seite 15).

Gestaltungstips
Symmetrie und Asymmetrie lassen sich beim Gestalten von Straußumriß und -innerem vielfältig kombinieren.
Kunstvoll und verspielt wirkt ein Strauß mit symmetrischem Umriß und symmetrisch angeordneten Blüten (→ Foto, Seite 64). Wichtig sind dekorative Blütenköpfe, die Pflanzengestalt ist zweitrangig. Das Binden erfordert einige Arbeit, da jede Unregelmäßigkeit sofort auffällt.
Prächtig und lebendig erscheint ein Strauß mit symmetrischem Umriß und asymmetrisch arrangierten Pflanzen (→ Foto, Seite 27). Ideal für die Kombination dekorativer Pflanzen zu allen möglichen Anlässen.
Klassisch-elegant sieht ein Strauß mit einseitig-symmetrischem Umriß und asymmetrischem Innenleben aus (→ Rosenstrauß, Seite 1).
Natürlich, spontan und ungezwungen ist die Wirkung bei Sträußen mit asymmetrischem Umriß und asymmetrisch angeordneten Pflanzen (→ Foto, Seite 38/39).

Runder Strauß oder Wandstrauß?
Es gibt sowohl rund als auch einseitig gebundene Sträuße. Ein runder Strauß ist nach allen Seiten hin schön gestaltet, ein einseitiger Strauß hat eine Vorderansicht und eignet sich gut zum Dekorieren einer Wand. Beide können Sie mit oder ohne räumliche Wirkung gestalten.

Sträuße räumlich gestalten
Sträuße mit exaktem symmetrischem Umriß haben keine Tiefenwirkung, weil alle Blüten gleichmäßig über die Oberfläche verteilt sind und mit ihren »Gesichtern« nach außen schauen. Räumliche Tiefe erzielen Sie hier nur, wenn Sie die Blüten staffeln.
Mehr Räumlichkeit bei Sträußen erreichen Sie, indem Sie die Blumen zum einen asymmetrisch anordnen, zum anderen nicht mit gleichmäßig von außen zur Straußspitze hin zunehmender Stiellänge (→ Titelfoto). Das heißt: Verwenden Sie im Vordergrund eine halblange Blume, im Mittelgrund eine kurze und im Hintergrund (bei runden Sträußen ist dies das Straußzentrum) eine Blüte mit langem Stiel. Behalten Sie dabei neben dem optischen Gleichgewicht auch die Pflanzengestalt, Wuchs- und Blütenform im Auge (→ Seite 12 bis 15). Runde Sträuße müssen Sie »rundherum« so gestalten.
Mein Tip: Plazieren Sie Pflanzen mit ausdrucksstarken »Blütengesichtern« wie zum Beispiel Sonnenblumen so, daß sie sich einander zu- oder voneinander wegneigen. Sie erzielen damit nicht nur eine bessere räumliche Wirkung als mit bloß nach außen gewandten »Gesichtern«, sondern setzen auch eine pfiffige Note (→ Foto links und oben).

Blütengesichter wenden sich voneinander ab.

Zu den Fotos
Ähnliche Blüten in verschiedenen Farben wirken unterschiedlich. Sonnenblumen und Sonnenhut erscheinen gleichwertig (→ oben). Wucherblumen in Weiß steigern die Wirkung der Sonnenblumen (→ links).

Wuchsform und Pflanzengestalt

Alle Pflanzen leben nach ihren eigenen Gesetzen, die für ihr Wachsen und Fortbestehen sorgen. Von diesen Gesetzen abhängig und unter dem Einfluß von Klima und Bodenbeschaffenheit wächst jede Pflanze in einer für sie typischen Wuchsform und Gestalt. Kein Zweig sieht aus wie der andere; das gilt selbst für Pflanzen aus gärtnerischer Kultur, die sich auf den ersten Blick bis ins Detail zu gleichen scheinen.

Pfiffige Vasen
(→ Foto rechts) für einzelne Blüten können Sie leicht selbst anfertigen. Stecken Sie dafür ein Reagenzglas in ein dickes Bündel gleich langer, gerade gewachsener Zweigstücke und binden Sie es mit Draht fest zusammen. Die Bindestelle können Sie mit einem Stück abgeschälter Rinde maskieren.

Natürliche Wuchsform beachten

Ordnen Sie Pflanzen möglichst immer so an, wie sie gewachsen sind. Dann kommt jede optimal zur Geltung, und alle Gebinde wirken auf Anhieb harmonisch, auch wenn Sie wenig gestalterische Vorkenntnisse besitzen. Betrachten Sie jede Pflanze genau und stellen Sie fest, welche Seite in welchem Winkel der Sonne zugewandt war. Das können Sie leicht erkennen, denn Pflanzen strekken von Natur aus ihre Blätter und Triebe immer so dem Sonnenlicht entgegen, daß sie mit ihren Blattoberflächen die größtmögliche Lichtmenge ergattern. Dieser Mechanismus funktioniert bei vielen Pflanzen selbst dann noch, wenn sie zum Strauß gebunden sind.
Mein Tip: Im Sommer können Sie dieses Prinzip und seine Wirkung sehr gut an einem runden Strauß mit Löwenmäulchen beobachten. Frisch gebunden zeigen die Blütenspitzen wie die Stacheln eines Igels in alle Richtungen. Während der folgenden Stunden wenden sie sich dem Licht zu, und es sieht aus, als wüchsen die Blumen aus der Vase.

Gestaltungstips

- Entfernen Sie alle überflüssigen Teile, dann wird der individuelle Charakter jeder Pflanze besser sichtbar (→ GRUNDKURS TECHNIK, Seite 50/51).
- Verwenden Sie nicht nur Pflanzen mit starren, aufrechten Stielen, sondern auch solche mit gekrümmten und überhängenden. So können Sie sich das Biegen mit Hilfe von Draht sparen.
- Plazieren Sie aufrecht gewachsene Pflanzen im hohen Straußzentrum und die gebogenen mehr nach außen hin.
- Pflanzen aus dem eigenen Garten sind vielfältiger gewachsen als solche aus gärtnerischer Kultur. Zudem können Sie für jeden Platz im Strauß die passende Wuchsform auswählen.
- Die natürliche Wirkung von nach oben gerichteten Spitzen können Sie auch gestalten (→ Aufgelockerter Strauß, Seite 7). Ordnen Sie alle Pflanzen möglichst so an, daß ihre Blattoberflächen, Blüten- und Triebspitzen auf einen Punkt etwas über den höchsten Pflanzen am Waagepunkt des Strausses gerichtet sind (→ Optisches Gleichgewicht, Seite 10). Stellen Sie sich vor, die Sonne befindet sich an dieser Stelle und alle Triebspitzen und Blattflächen schauen dorthin. Manche Blütenstiele und Spitzen können Sie dazu vorsichtig biegen (→ GRUNDKURS TECHNIK, Seite 50/51).

Die Wirkung der Pflanzengestalt

Jede Pflanze hat neben ihrer Wuchsform auch eine arttypische Gestalt (→ Foto rechts). Gut vergleichen läßt sie sich mit den unterschiedlichen Charakteren von Schauspielern. Wenn Sie die speziellen Eigenarten beachten, können Sie Pflanzen immer spannend »in Szene« setzen. Am besten gelingt dies beim Kombinieren, denn erst durch den Kontrast der verschiedenen Persönlichkeiten zeigt sich die Eigenart jeder einzelnen Pflanze besonders deutlich (→ Gräserstrauß mit Lilie, Umschlagrückseite).

Auf die Stiellänge kommt es an

Ob eine Pflanzengestalt optimal zur Wirkung kommt, hängt davon ab, wie

Pflanzen mit unterschiedlicher Wuchsform und Gestalt. Jede wirkt auf ihre Weise.

hoch sie über die Bindestelle (→ Seite 8) hinausragt. Manche Pflanzen entfalten ihre volle Schönheit langstielig, andere kurzgefaßt. Hier sind einige Anhaltspunkte für einen gemischten Strauß: Langstielig anbringen sollten Sie spitz auslaufende Pflanzen wie Rittersporn (→ Foto, Seite 27), Gladiolen und Montbretien (→ Foto oben). Dasselbe gilt für Pflanzen, die sich oben nach allen Seiten entfalten, zum Beispiel Lilien und Gräser (→ Foto, Umschlagrückseite), und für ausschwingende Zweige mit grazilem Wuchs, wie zum Beispiel Lampionpflanze (→ Foto oben), Prachtkerze und Schneebeere (→ Foto, Seite 27).
Halblang oder kurz anordnen können Sie viele Pflanzen. Der Übergang ist fließend. Zum Beispiel wirken verzweigte Pflanzen wie Spraynelken oder Chrysanthemen (→ Foto oben) sowohl mit langem Stiel als auch kurz eingebunden. Ähnliches gilt für viele Sommerblumen, wie zum Beispiel Zinnien und Dahlien (→ Foto oben) oder Schmuckkörbchen und Rosen (→ Foto, Seite 28/29).

Gräser, Zweige, Blätter, Blüten

Zauberhafte Sträuße lassen sich aus Gräsern, Zweigen und Blättern arrangieren. Besonders reizvoll ist aber immer das Gestalten mit dekorativen Blüten. Diese wirken durch ihre Farbe, Oberflächenbeschaffenheit (Textur) und Form. Als erstes fällt in der Regel die Farbe auf. Ihr Effekt ist abhängig von der Textur, die ein Blütenblatt etwa wie Samt, Seide, Leder oder Papier erscheinen läßt. Deshalb sehen Blüten in derselben Farbe nie gleich aus (→ Foto, Seite 13).

Farben kombinieren

Egal ob Sie Ihre Garderobe abstimmen oder einen Blumenstrauß gestalten, immer können Ihnen dabei einige allgemein gültige Farbregeln helfen.

- Will man zwei Farben kombinieren, nimmt man wenig von der einen, viel von der anderen. Zum Beispiel wenig Weiß mit viel Blau (→ Prachtkerze und Rittersporn, Foto, Seite 27).
- Jede Farbe hat einen »Partner«, der ihre Leuchtkraft steigert, zum Beispiel Gelb und Blau (→ Foto, Seite 22/23), Rot und Grün (→ Gräserstrauß mit Lilie, Umschlagrückseite).
- Aus den Schattierungen der überwiegend im Strauß verwendeten Pflanzen lassen sich leicht alle weiteren Farben ableiten. Oft ergibt sich daraus eine Ton-in-Ton-Gestaltung (→ Schmuckkörbchen, Seite 28/29,).
- Bunt und fröhlich wirkt eine Mischung der Grundfarben Gelb, Rot, Blau und Grün (→ Foto, Seite 35).
- Raffinierte Dekorationen ergeben sich, wenn Sie die Farben von Vase, Tischdecke oder Geschirr mit einbeziehen (→ Foto, Seite 64).
- Gemildert wird die Wirkung kräftiger Farben durch Hinzufügen von Blüten in Pastelltönen und/oder weiß-grünem Blattwerk (→ Rosenstrauß, Seite 1).

<u>Gestaltungs-Tip</u>
Die sogenannten Massenblüher, wie zum Beispiel Sonnenhut und Wucherblume, wirken am stärksten, wenn man sie kurz und in dichten Gruppen im Strauß plaziert (→ Fotos, Seite 10/11). Darüber hinaus verlängert sich so auch ihre Haltbarkeit.

Mit Blütenformen gestalten

Man sagt: Jede Blüte braucht zu ihrer Entfaltung »Luft«. Wieviel, hängt von der optischen Wirkung ihrer Form ab. Ordnen Sie einmal eine Gladiole und eine Sonnenblume in fünf verschiedenen Längen zueinander (→ Foto , Seite 15). Daran läßt sich nicht nur der Raum erkennen, den eine Blüte optimal benötigt, sondern auch der Einfluß, den beide aufeinander ausüben. Dies ist hilfreich bei der Gestaltung unterschiedlicher Straußthemen mit denselben Blüten.

- Spitz auslaufende Formen wirken leicht. Sie benötigen viel Raum über ihrer Spitze und sind ideal für die äußeren Straußpartien. Einem kompakten Strauß verleihen sie Dynamik (→ Stroh im Zinnienstrauß, Seite 36/37).
- Runde Formen wirken schwer und statisch. Sie brauchen wenig »Luft« um sich. In dichten Büscheln angeordnet, geben sie an der Straußbasis optischen Halt (→ Gladiolen und Sonnenblumen, Seite 30/31).

Neben diesen beiden Blütenformen gibt es noch viele andere. Haben Sie Mut zum Experiment, denn die optische Wirkung ist immer abhängig von Ihrem subjektiven Empfinden, vom Blütenstadium (knospig oder erblüht) und der individuellen Wuchsform.

Straußthemen gestalten

Vom jeweiligen Straußthema hängt es ab, welche Regeln vorrangig beziehungsweise untergeordnet sind. Das heißt, das für Sie schönste Merkmal einer Pflanze sollte immer mit Hilfe der jeweiligen Gestaltungsgesetze zur Geltung gebracht werden. Am besten gelingt ein Strauß, wenn Sie sich für einen gestalterischen Schwerpunkt entscheiden.
<u>Farben-Sträuße</u> wirken durch die Dominanz der Farben (→ Foto, Seite 20/21).
<u>Jahreszeiten-Sträuße</u> verbreiten die Stimmung einer Jahreszeit (→ Foto, Seite 35).

Die unterschiedliche Wirkung von Sonnenblume und Gladiole ist abhängig von Position und Stiellänge.

Landschafts-Sträuße strahlen die Atmosphäre eines Gartens oder einer Landschaft aus (→ Foto, Seite 27).
Phantasie-Sträuße entsprechen Ihren persönlichen Vorstellungen (→ Foto, Seite 46/47).

Erste Hilfe beim Straußgestalten

- Wählen Sie ein Thema und arbeiten Sie es mit Hilfe der Gestaltungsregeln konsequent aus.
- Entscheiden Sie sich eindeutig für eine Straußform und Anordnungsart.
- Weniger ist mehr. Es ist oft verblüffend, wieviele Pflanzen man aus einem Strauß entfernen kann, ohne daß er an Wirkung verliert.
- Entfernen Sie überflüssige Pflanzenteile, sie schaffen Unordnung und verkürzen die Haltbarkeit (→ GRUNDKURS TECHNIK, Seite 50/51).
- Verwenden Sie kurze Pflanzenteile, wie etwa abgebrochene Blumen, nur dann, wenn sie den Gestaltungsregeln entsprechend zu plazieren sind.

Trauben-
hyazinthen
(*Muscari*)
Hyazinthe
Jonquillen
Winterlinge

Tulpen, Narzissen, Hyazinthen ...

und unzählige andere Farbtupfer hält der Frühling auf seiner bunten Palette bereit. Das Angebot ist verlockend. Lassen Sie sich davon inspirieren und gestalten Sie Sträuße in kräftigen Farben. Feuriges Rot, leuchtendes Gelb und strahlendes Blau sind genau die richtigen Muntermacher nach allzu langer Wintertristesse.

Frühlingsblumen wirken besonders gut in farblich abgestimmten Glas- oder Keramikgefäßen.

Vasentip
Sträuße mit verzierter Bindestelle (→ rechts und GRUNDKURS, Seite 54) sind in schlichten Glaszylindern oder -quadern besonders hübsch anzusehen.

Tulpenstrauß in Rot
Im Frühling gibt es viele Gelegenheiten zum Gestalten von üppigen Tulpensträußen. Sie sind ideal als Geschenk, etwa zum Valentinstag, Frühlingsanfang oder Osterfest. Mit ihren kräftigen, weithin leuchtenden Blütenfarben lassen Tulpen den Frühling festlichen Einzug ins Zimmer halten, auch wenn er sich draußen noch nicht so recht zeigen will.

Sie benötigen: 30 rote Tulpen, 2 biegsame Weidenruten (Länge 80 cm), Bast.
Anleitung: Die Blätter im unteren Drittel entfernen und einen runden, symmetrischen Strauß gestalten (→ Foto 1 und GRUNDKURS GESTALTUNG, Seite 10). Sind die vielen dicken Stiele nicht mehr zu halten, Strauß liegend an der Tischkante gestalten oder zwischenbinden. Mit Bast binden. Die Bindestelle mit Weide dekorieren (→ Foto 2). Stielenden anschneiden.

1 Die Tulpenblüten gleichmäßig und in Halbkugelform anordnen.

Farbgestaltung: Einfarbige Tulpensträuße wirken spannender, wenn Sie helle und dunkle Nuancen desselben Farbtons im Verhältnis 2:1 mischen. Zum Beispiel 20 hellrote Tulpen, kombiniert mit 10 dunkelroten.

2 Die Weidenruten um die Bindestelle schlingen und fest verknoten.

Fröhliches Osternest
Dieser Frühlingsstrauß ist zugleich ein pfiffiges Nest für den Osterhasen. Man gestaltet es in drei Schritten (→ Foto 1 bis 3). Der Nestboden wird aus kurzgefaßtem Buchsbaum gearbeitet und von einer höheren, dichten Wand aus Frühlingsblüten umrahmt, damit die Ostereier nicht wegkullern können. Ein einfach zu bindender Strauß mit großer Wirkung.
Sie benötigen: 2 Handvoll Buchszweige, 1 großblütige und 5 kleinblütige Narzissen in gelb-orange, 1 Mimosenzweig, 1 blaue Hyazinthe, 25 Vergißmeinnicht, 25 Traubenhyazinthen (*Muscari*), Bast.

Grüntip
Der Wuchs von Buchsbaum ist je nach Herkunft und Standort unterschiedlich. Kompakte Sträuße gelingen am besten, wenn Sie dafür buschige, gedrungene Zweige auswählen und zwischen den Blütenstielen anbringen (→ GRUNDKURS, Seite 57).

1 Nestboden: Eine Handvoll Buchsbaum kurz und dicht an dicht fassen. Überstehende Zweigspitzen abschneiden.

2 Nestwand: Vergißmeinnicht und Traubenhyazinthen gemischt mit Buchs ringsherum erhöht anbringen.

3 Abschluß: Große Narzisse ins Zentrum, kleine links stecken. Davor Hyazinthe, rechts Mimose. Mit Buchs unterfüttern.

Praxistip

Die Wirkung kleiner Blüten wird gesteigert, wenn man sie nicht einzeln, sondern in dichten Gruppen im Strauß verarbeitet. (→ *Muscari* und Vergißmeinnicht). Sie tun sich leichter, wenn Sie solche Blumen schon vor dem Gestalten zu Büscheln in der benötigten Größe zusammenbinden und diese im Strauß verwenden.

Wucherblumen
Goldrute

Ein Korb voll sonniger Blüten…

muß kein Wunschtraum bleiben, denn Blumen sind nun in Hülle und Fülle preiswert zu haben. Schwelgen Sie getrost in der sommerlichen Pracht und genießen Sie die Gelegenheit, der Jahreszeit mit üppigen Sträußen zu huldigen. Anlässe dafür hat der Sommer mindestens ebenso zahlreich zu bieten wie Blumen.

Sonnenblumen, Margeriten und viele andere Korbblütler sind die typischen Vertreter dieser Jahreszeit. In rustikalen Gefäßen kommen sie besonders hübsch zur Geltung.

<u>Frischhaltemittel</u> **verlängern die Haltbarkeit von Schnittblumen. Aus ökologischen Gründen sollten Sie diese Präparate aber nur einsetzen, wenn es sich nicht vermeiden läßt. Umweltverträglicher ist es in jedem Fall, die Lebensdauer der Pflanzen durch die richtige Auswahl und Pflege zu erhöhen.**

Pflanzen für Sommersträuße
In keiner anderen Jahreszeit haben Sie die Möglichkeit, so nach Lust und Laune zuzugreifen. Allerdings wird durch die Wärme die Haltbarkeit frischer Blumen stark beeinträchtigt. Deswegen müssen Sie besonders sorgfältig mit ihnen umgehen. Hier einige Vorbeugemaßnahmen:

- Auf die Frische achten. Keine welken Pflanzen oder solche mit matschigen Stielen kaufen. Kein Pflanzenteil darf »rieseln«.
- Nach dem Einkauf sofort anschneiden und vor dem Binden eine Stunde wässern. So viele Blätter wie möglich entfernen. Stark welkende Pflanzen oder solche mit hängenden »Köpfen« eng in Papier einwickeln und an einem kühlen, schattigen und zugfreien Platz bis zum Blattansatz ins Wasser stellen.
- Ideal zum Binden ist ein kühler, schattiger und windgeschützter Platz. Auf keinen Fall in der prallen Sonne arbeiten. Die Blumen erst unmittelbar vor dem Gestalten aus dem Wasser nehmen.
- Die Haltbarkeit empfindlicher Pflanzen wird verlängert, wenn man sie kurzstielig und in dichten Gruppen im Strauß verwendet. So geben sie sich gegenseitig Halt und schaffen um sich herum ein feuchtes Kleinklima.
- Wasser täglich wechseln, dabei die Vase heiß und mit einem Reinigungsmittel säubern. Den Strauß tief, das heißt, bis über die Bindestelle ins Wasser stellen.
- Sträuße vor Zugluft geschützt an einem kühlen, schattigen Platz aufstellen.
- Zum Transportieren Sträuße entsprechend präparieren.

(→ GRUNDKURS TECHNIK, Seite 58).

1 Für die Straußmitte vier Ritterspornstiele mit Schilfgras mischen.

2 Die Zierapfelzweige und anderen Pflanzen außen gruppieren.

Rustikaler Strauß in Blau
Fotos links und rechts
Für diesen dekorativen Sommerstrauß aus Pflanzen mit schweren, dicken Stielen ist einige binderische Vorübung erforderlich. Einfacher geht es, wenn Sie ihn stecken.
<u>Sie benötigen:</u> 7 Rittersporn, 10 Stiele Mehlsalbei, 5 Stiele Prachtkerze (*Gaura*), 2 Chinaschilf, 5 Gräser mit Blütenrispen, 3 Fruchtzweige vom Zierapfel, 1 Holunderzweig mit Beeren, 6 Schneebeeren-Zweige, 2 Handvoll Buchs, 2 Handvoll Mahonien, Bast.
<u>Anleitung zum Binden:</u> Den Strauß liegend auf der Tischkante gestalten, drehen und zwischenbinden. Schwere Stiele mit Grün stabilisieren. Zuerst die hohe Straußmitte (→ Foto 1), anschließend die äußeren Partien gruppieren und gestalten (→ Foto 2). Auf das optische Gleichgewicht achten.
<u>Strauß stecken:</u> Buchs und Mahonien dicht und so in die Vase stecken, daß ihre Enden auf dem Boden aufstehen und die Spitzen in unterschiedlichen Höhen über den Rand hinausragen. Die übrigen Blumen, Gräser und Zweige gruppiert stecken (→ Seite 19) und auf das optische Gleichgewicht achten.

Ein Sommertraum in Blau: Rittersporn kombiniert mit Gräsern und Früchten.

Fruchtzweige sind eine dekorative Zutat für jeden Blumenstrauß. Wie lange sie nicht abfallen und Teppichboden oder Tischdecke beschmutzen, ist abhängig vom Reifegrad. Am besten sind jene Zweige geeignet, deren Früchte sich gerade färben. In diesem Zustand lassen sie sich auch sehr gut trocknen.

SOMMERSTRÄUSSE

<u>Pastelltöne</u> wirken elegant und verspielt. Sie sind deshalb gut geeignet, um die Ausstrahlung duftiger Sommerblumen zu steigern. Besonders effektvoll sind diese Farben, wenn sie mit dunklen Tönen kombiniert werden.

Zarter Rosenstrauß
Duftige Blüten, kombiniert mit Rosen, verleihen diesem Strauß seine bezaubernde Ausstrahlung. Sie können die sommerlich beschwingte Stimmung verstärken, wenn Sie die Blüten unterschiedlich hoch verarbeiten und auf die Wirkung der Pflanzengestalt achten. Der Strauß ist nicht ganz einfach zu gestalten.
<u>Sie benötigen:</u>
15 Schmuckkörbchen (*Cosmea*), 5 unverzweigte Rosen in Rot und Pink, 5 verzweigte, mehrblütige Rosen in Pink, 10 Blütenstiele von der Prachtkerze (*Gaura*), 10 Stiele Nigella (»Gretel im Busch«), 1 Handvoll blühende Kräuter (zum Beispiel Katzenminze) als Füllmaterial, Bast.

1 Strauß beginnen: Zwei Drittel der Rosen mit Nigella unterschiedlich hoch fassen.

2 Weiterbinden: Die übrigen Pflanzen gestaffelt anbringen. Cosmeen und Gaura lang lassen.

Alternative: Wenn Sie keine Prachtkerzen zur Verfügung haben, können Sie die sommerlich duftige Wirkung auch mit Schleierkraut oder Gräsern erzielen.
<u>Anleitung:</u> Den Strauß vom Zentrum aus binden und immer wieder drehen (→ Foto 1 und 2).

Deko-Tip
Ein selbstgemachter Blumenstrauß erfreut immer und ist die ideale Ergänzung für ein schönes Geschenk. Der Eindruck wird erhöht, wenn Sie zum Verpacken des Präsents ein Geschenkpapier mit Blumenmotiv auswählen und dazu einen Strauß in den passenden Farben und mit denselben Blüten gestalten (→ Foto rechts).

Geschenk-Bouquet
In Frankreich und Italien werden solche einseitigen Bouquets in Tropfenform seit jeher gern verschenkt. Sie sind einfach zu fertigen und daher ideal für ungeübte Straußbinder. Große, dekorative Blüten eignen sich dafür am besten. Vor allem so traditionelle Schnittblumen wie Gladiolen, Sonnenblumen oder Nelken haben hier ihren großen Auftritt.
Sie benötigen: 2 Gladiolen, 2 Astilben, 3 Stiele Mehlsalbei, 1 Rose, 1 Spraynelke, 5 Sonnenblumen (gefüllt und ungefüllt), 1 Hortensie, Gräser, 2 Laubzweige, Bast, Dekorationsband.
Anleitung: Der Strauß hat eine flache Rückseite. Seine Spitze wird zuerst arrangiert. Die Breite nimmt zur Bindestelle hin zu (→ Fotos 1 bis 3). Gebunden wird zuerst mit Bast und anschließend mit Dekorationsband. Stiele zum Schluß anschneiden.

1 Gladiolen und Astilben an der Spitze, abgestuft davor Salbei und Rose.

2 Gräser beidseitig, darunter ein Laubzweig und die Sonnenblumen.

3 Links Nelke, an der Bindestelle Hortensie und zweiten Zweig plazieren.

Lampionblume
Zinnien
Astern

In Orange und Violett…

geben sich Astern, Dahlien, Blätter und Früchte ein geheimnisvoll leuchtendes Stelldichein. Das Gartenjahr klingt aus. Greifen Sie noch einmal in die vollen und binden Sie Sträuße mit romantischem Flair. Sie eignen sich auch sehr gut zum Trocknen und sind dann ein dauerhafter Schmuck für die kommende kalte Jahreszeit.

Stille Schönheit und überschwengliche Pracht, beide Stimmungen können Sie mit Herbstpflanzen einfangen. Als Vasen eignen sich Gefäße mit schlichten, klassischen Formen.

Dahlien

Praxistip
Wählen Sie zum Trocknen Ihrer Sträuße einen Platz mit den optimalen Bedingungen. Ideal ist ein warmer, trockener Raum mit Temperaturen um 30 °C. Die Luft sollte gut zirkulieren, damit die Pflanzen nicht schimmeln. Je dunkler der Standort, umso besser bleiben die Farben erhalten.

Pflanzen für Herbststräuße

Frische Blumen in den charakteristischen Farben des Herbstes gibt es bis in den Oktober hinein. Desgleichen Blätter, Früchte und Gräser. Jetzt sollte man auch Zeit fürs Sammeln und Konservieren einplanen. Am besten trocknen Pflanzen, die wenig Wasser enthalten und ein stabiles Gerüst haben: zum Beispiel Strohblumen- und Hortensienblüten, Rosen- (»Hagebutten«) und Lampionblumenfrüchte sowie ledrige Blätter und Gräser. Gut geeignet sind auch Rosen, Ringelblumen, Pompondahlien, Ranunkeln und Zinnien.

Bei der Gestaltung von dauerhaften Sträußen gibt es zwei Möglichkeiten:

- Pflanzen erst trocknen, dann zum Strauß binden.
- Frische Sträuße binden und sofort kopfüber hängend oder aufrecht stehend in einem Gefäß trocknen. Zum Binden Gummiband verwenden.

Mein Tip: Sie können einen Blumenstrauß eine Zeitlang frisch genießen und danach konservieren. Dazu nur soviel Wasser in die Vase füllen, daß die Blumen nicht welken. Den Strauß an einem warmen, luftigen und schattigen Platz aufstellen. Nach und nach das Wasser ganz reduzieren.

1 Die Gräser auf das Papprohr binden. Halme oben 30 cm, unten 10 cm überstehen lassen.

2 Auf die Papprröhre den gefüllten Wasserbehälter stellen. Blüten farblich sortiert hineinstecken.

Grasgarbe mit Dahlien und Astern

Fotos oben und rechts
An Getreidebündel, wie sie früher bei der Ernte üblich waren, erinnert dieses Arrangement. Es besteht aus Schilf und Blüten. Die Gräser werden auf ein Papprohr gebunden. Dadurch bekommt der Strauß Volumen und einen sicheren Stand. Außerdem benötigen Sie weniger Schilf. Für die Blumen ist zwischen den Halmen ein Wasserbehälter versteckt. Dieser Trick ermöglicht die Gestaltung eines dekorativen Trockenstraußes, den Sie mit frischen Blüten ergänzen können.

Die Stiellänge und Menge der Gräser richten sich nach der Größe der Garbe. Dieser Strauß hat eine Höhe von 80 cm und oben einen Durchmesser von 70 cm. Er ist einfach zu gestalten.

Sie benötigen: 1 bis 2 Armvoll frische Schilfgräser (Länge mindestens 100 cm), 10 Dahlien, 20 Astern, 1 dickes Papprohr (Länge 60 cm), 1 Konservenglas, Wickeldraht, Paketschnur. Der abgebildete Strauß ist aus Chinaschilf (*Miscanthus sinensis*) gebunden. Sie können aber auch langes Gras von der Wiese nehmen und einige Halme von Ziergräsern darunter mischen. Oder Sie arbeiten die Garbe ganz aus Getreide.

Anleitung: An der unteren Hälfte der Grashalme die Blätter entfernen. Den Wickeldraht am Papprohr fixieren (10 cm unter dem oberen Rand) und die Gräser daraufbinden (→ Foto 1). Den Draht mit einer Flachzange festzurren. Bindestelle mit Paketschnur dekorieren. Stielenden gleichlang abschneiden. Gräser formen (→ rechts). Wasserbehälter und Blumen oben einfügen (→ Foto 2).

Herbstblumen und Gräser: Ein Blickfang mit ländlich rustikaler Note.

Gestaltungstip

Sträuße aus frischen Gräsern können Sie phantasievoll formen (→ Foto links). Wie von Wind und Wetter gestaltet wirkt es, wenn Sie die Ähren umknicken. Die weiche, abgerundete Form rings um die Blüten entsteht, wenn man die Halme oben während des Trocknens beschwert, zum Beispiel mit einem leichten, runden Korbtablett.

1 Blüten in unterschiedlichen Höhen abwechselnd mit Strohhalmen anlegen. Halme lang überstehen lassen und knicken.

2 Für eine gleichmäßige, kugelige Straußform die äußeren Zinnienblüten und Strohhalme immer kürzer fassen.

3 Dicht über der Bindestelle und ringsherum Zinnien und Strohhalme so kurz wie möglich einarbeiten.

Zinnienstrauß mit Stroh
Dieser phantasievolle Herbststrauß ist ganz einfach zu gestalten.
Sie benötigen: 30 bunte Liliput-Zinnien, 1 Handvoll Strohhalme, Bast, blaues Band.

Anleitung: Der Strauß ist kugelförmig und allseitig gestaltet. Begonnen wird mit dem erhöhten Straußzentrum (→ Foto 1). Zum Gestalten der äußeren Partien den Strauß drehen (→ Foto 2 und 3).

Gebunden wird mit Bast und anschließend mit Schmuckband.

Zinnien und Stroh sind zum Trocknen gut geeignet, denn sie behalten dabei ihre Form und ihre Farbe. Sie können den Strauß frisch gestalten und anschließend kopfüber hängend trocknen. Binden Sie ihn dazu mit einem Gummiband zusammen.

HERBSTSTRÄUSSE

Hortensien und Lampionblumen
Ein Strauß,der kein Wasser braucht und einfach zu gestalten ist.

Sie benötigen: 2 Hortensienblüten mit langem Stiel, 3 Stiele Lampionblumen (*Physalis*), 5 Heidekrautzweige (*Calluna*), 1 Rosenzweig mit Früchten (»Hagebutte«), Bast.
Alternative: Statt Heidekraut können Sie weißen Strandflieder (»Statice«) oder Korkenzieherhasel verwenden.

Anleitung: Man gestaltet nacheinander den Hintergrund (→ Foto 1), Mittelgrund (→ Foto 2) und Vordergrund (→ großes Foto). Mit Bast den Strauß binden und Hagebuttenzweig am Heidekraut befestigen.

1 Für den Hintergrund eine Hortensie kurz fassen und das Heidekraut jeweils außen links und rechts anlegen.

2 Im Mittelgrund zwei Lampionblumen plazieren, mit Hortensie und Lampionblume abschließen.

Hortensien-Tip
Ob frische Hortensienblüten haltbar sind und schön eintrocknen, ist abhängig von ihrem Reifegrad. Am besten schneidet man sie im Spätsommer, wenn ihre Blüten ein stabiles Gerüst haben und die kräftige Blütenfarbe ins Grün übergeht.

Immergrüne Pflanzen und unbelaubte Zweige mit skurrilem Wuchs harmonieren sehr gut mit den jahreszeitlichen Blüten. In erdfarbenen Gefäßen wirken sie äußerst dekorativ.

Von besinnlich bis festlich

Bouquets voll exotischer Schönheit und Sträußchen von bescheidener Anmut haben jetzt ihre große Zeit. Sowohl die wertvollen Einzelblüten als auch die schlichten, einheimischen Winterblüher bieten Ihnen mit ihrer gegensätzlichen Ausstrahlung die Möglichkeit, für die vielen unterschiedlichen Anlässe des Jahresausklangs genau die passende Stimmung zu gestalten.

Grün-Tip
Im Winter sind immergrüne Pflanzen der ideale Grünschmuck für Sträuße. Nichtnadelnde Koniferen wie Kiefer oder Scheinzypresse und Laubgehölze wie Efeu, Buchsbaum, Stechpalme (*Ilex*) oder Mahonie halten sich sehr gut im warmen Zimmer. Viele von ihnen tragen sogar dekorative Früchte und sind damit eine zusätzliche Zierde.

Pflanzen für Wintersträuße
Draußen gibt es jetzt nur eine bescheidene Blütenauswahl, zum Beispiel Schneerosen, winterblühenden Schneeball oder Jasmin. Auch die traditionellen Zimmerpflanzen wie Alpenveilchen oder Becherprimeln liefern winterliche Schnittblumen. Wer es prachtvoll mag, findet im Handel immer Rosen, Nelken, Chrysanthemen, Lilien und viele andere. Diese »Rund-ums-Jahr«-Blumen halten in beheizten Räumen besonders gut. Ebenfalls von langer Lebensdauer sind Orchideen, Proteen, Anthurien, Amaryllis oder Strelitzien. Ihr exotisches Flair kommt am besten zur Geltung, wenn man sie einzeln mit Blättern oder Zweigen kombiniert.

Mit »Grün« gestalten
Beziehen Sie das Bindegrün immer in Ihre Überlegungen mit ein. Es gelten dieselben Gestaltungsregeln wie für Blumen.
- Es sieht natürlich aus, wenn das Bindegrün den Blättern der verwendeten Pflanzen ähnelt (→ Lilien und Gräser, Umschlagrückseite).
- Achten Sie beim Einsatz von Grün als Hilfsmittel auch auf die Gestaltung.
- Leicht und luftig wirkt ein Strauß mit wenig Grün über der Bindestelle.

Duftsträuße
Das sinnliche Erlebnis eines Blumenstraußes läßt sich steigern, wenn Sie Duftpflanzen mit einbeziehen oder ausschließlich mit ihnen gestalten. Düfte sind nämlich genauso anzuwenden wie Farben und Formen. Sie können sie ganz nach dem persönlichen Geschmack kombinieren und Ihre Umgebung in die unterschiedlichsten Duftstimmungen tauchen. Gehen Sie dabei aber immer sensibel vor; Pflanzen können mit ihrem Geruch auch Unbehagen und Kopfweh auslösen.
Tips für Duftsträuße:
- Würzige Frische verbreiten Lorbeer- oder Rosmarinzweige kombiniert mit Eukalyptus oder Lavendel.
- Wie feines Parfüm duften Maiglöckchen oder Wicken zusammen mit Rosen.
- Frühlingsstimmung zaubern Narzissen, Ginster und Mimosen.
- Einen Hauch von Poesie verströmen Cyclamenblüten oder Veilchen.
- Exotisch ist der Duft von Lilien, Tuberosen, Hyazinthen und Gardenien.
- Würzig süß riechen Pfingstrosen, kombiniert mit Levkojen und Nelken.

Praxistip: Blumenduft entfaltet sich besonders gut, wenn man den Strauß leicht mit Wasser besprüht.

Maiglöckchen im Glas
Fotos unten und rechts Maiglöckchen mitten im Winter: Sie dürfen Ihren Augen ruhig trauen, denn die bezaubernden Gewächse werden von Gärtnern mit einigen Tricks rund ums Jahr kultiviert. Das Arrangement ist einfach zu gestalten.
Sie benötigen: 20 Maiglöckchen mit Wurzeln, 1 Kirschzweig, 2 große getrocknete Blätter, 2 Handvoll Kies, Paketschnur, Glasvase.
Anleitung: Gebündelte Maiglöckchen (→ Foto unten) ins Glas stellen. Ein Blatt vorne einstekken, den Zweig und das zweite Blatt hinten. Anschließend Kies vorsichtig hineinlegen (→ Foto rechts). Wasser bis zum Wurzelhals auffüllen.

Maiglöckchen werden mit gebündelten Wurzeln in Gärtnereien vorgezogen. Sie können sie aber auch selbst kultivieren (→ rechts).

Ein märchenhafter Anblick: Maiglöckchen mitten im Winter.

Maiglöckchen für Weihnachten selber ziehen

Dazu die bewurzelten Blütenkeime im Spätherbst kaufen oder im Garten ausgraben. Wichtig: Dicke, gedrungene Keime blühen, dünne, längliche bringen nur Blätter. Wurzeln säubern, gleich lang abschneiden und in Sand einpflanzen. Die Keime dürfen nicht ganz mit Sand bedeckt sein. Bei 22 °C aufstellen und gleichmäßig feucht halten.

Orchideenstrauß
Skurrile Zweige, Blätter mit bizarren Formen und tropisch anmutende Schmetterlingsblüten verleihen diesem Arrangement seine aparte Ausstrahlung. Die Kombination beweist, daß für einen Strauß mit besonderer Note auch wenige Pflanzen genügen. Der Strauß ist nicht ganz einfach.
Sie benötigen: 1 Orchidee (hier sind es *Phalaenopsis*-Blüten, Sie können aber auch andere Orchideen verwenden → rechts), 1 Korkenzieherhasel-Zweig, Blätter von tropischen Zimmerpflanzen (zum Beispiel von *Alocasia* und Begonie), Bast.
Anleitung → Fotos 1 und 2.

1 Einen gebogenen Haselzweig auswählen und rechts davor die Orchidee plazieren.

2 Jeweils gestaffelt hinten die Alocasiablätter und vorne die Begonienblätter anbringen.

Orchideen-Refreshing
Tropische Orchideenblüten und Blätter (→ Foto rechts) sind lange haltbar, wenn Sie den Strauß vor Zugluft, Kälte und Hitze schützen. Sollten die frischen Pflanzen dennoch welk werden, legen Sie sie über Nacht so in lauwarmes Wasser, daß die Stielenden untertauchen. In diesem Erfrischungsbad erholen sie sich schnell.

Mein Tip: Orchideen gibt es ganzjährig aus gärtnerischer Kultur zu kaufen.

- Nachtfalterorchideen (*Phalaenopsis*) haben kleine oder große Blüten in weiß, rosa und violett bis grün und ocker. Sie sitzen zu mehreren an langen Stielen.
- Frauen- oder Venusschuh (*Paphiopedilum*) sind einstielig und sehr haltbar. Es gibt sie in den Farben gelb, grün bis rostrot und braun.
- Cymbidien (*Cymbidium*) blühen in dichten, verzweigten Rispen.

Aus den Einzelblüten mehrblütiger Orchideen können Sie hübsche Sträußchen gestalten. Sie sind ideal für viele Gelegenheiten, zum Beispiel als Tischschmuck, Anstekker oder Mitbringsel (→ links unten).

Alpenveilchen und Grün
Mit seinen warmen Rottönen und frisch-grünen Nuancen stimmt einen dieses poetische Sträußchen richtig adventlich. Wenn Sie für all die kleinen Anlässe in der Vorweihnachtszeit eine Blumendekoration benötigen, liegen Sie mit ihm als charmantem Tischschmuck oder liebevollem Präsent immer richtig. Es ist preiswert, einfach zu gestalten, und Sie können es nach Herzenslust weihnachtlich dekorieren.
Sie benötigen: 40 Alpenveilchenblüten, 10 Alpenveilchenblätter, 1 Handvoll Koniferenzweige, Bast. Zum Dekorieren: Grasrispen, Schokokringel, Glimmersterne mit Drahtstiel, Band.
Anleitung → Fotos 1 und 2.

1 Blüten, Koniferen und 5 Blätter mischen und halbkugelig staffeln. Restliche Cyclamenblätter ringsherum verteilen. Zusammenbinden.

2 Mit Band Gräser am Grün und Schokokringel an den Gräsern befestigen. In die hohlen Grasstiele Glimmersterne stecken oder festkleben.

Mein Tip: Alpenveilchen, auch Cyclamen genannt, sind als Zimmerpflanzen wie als Schnittblumen seit langem geschätzt. Ihre Blüten eignen sich ideal zum Gestalten von Ton-in-Ton-Sträußen, denn ihr Farbspektrum umfaßt die gesamte Palette der Pastelltöne von weiß über rosé, lila und pink bis weinrot. Ebenfalls sehr vielfältig ist ihre Blütenform: Dekorativ und prächtig wirken die großblütigen und gefransten Varietäten. Zierlich und verspielt die Blüten von Minialpenveilchen (→ Foto).

Frischetip
Winterliche Pflanzen, wie zum Beispiel Alpenveilchen oder Christrosen, brauchen im warmen Zimmer besonders viel Wasser. Um die reibungslose Wasseraufnahme zu gewährleisten, sollten Sie Blüten- und Blattstiele seitlich 2 cm hoch einritzen oder von unten her einschneiden.
Ein kühler Standort verlängert zusätzlich die Haltbarkeit.

Im Bund gibt es Alpenveilchen preiswert zu kaufen. Ein individuelles Geschenk wird daraus, wenn Sie passendes Schmuckband um die Bindestelle schlingen und daran eine Weihnachtskugel befestigen (→ links).

Narzissen
Primel
Ikebana-Schere

Sträuße binden wie ein Profi...

ist keine Hexerei. Wie einfach und leicht es geht, zeigen die Grundkurse auf den folgenden Seiten. Schritt für Schritt wird erklärt, wie Sie die Blumen richtig vorbereiten, die Stiele beim Gestalten korrekt anordnen und Ihrem Strauß die optimale Pflege angedeihen lassen. Darüber hinaus gibt es viele praktische Vasentips und Tricks fürs Einpacken und Transportieren.

Das richtige Werkzeug, frische Blumen, eine schöne Vase – alles vorher bereitstellen, dann können Sie sich voll aufs Gestalten konzentrieren.

1 Heidekraut wächst dicht und buschig.

2 Ausgelichtetes Heidekraut wirkt skurril.

Lilien-Tip
Halten Sie Lilienblüten möglichst von Ihrer Kleidung fern, denn der gelbe oder orangefarbene Blütenstaub färbt leicht ab. Kommt es trotz aller Vorsicht einmal zu Flecken, können Sie den Staub mit einer Kleiderbürste (nie mit den Fingern oder einem Tuch!) leicht entfernen.

Pflanzen vorbereiten
Die optimale Vorbereitung der Pflanzen verlängert ihre Haltbarkeit entscheidend und erleichtert Ihnen das Binden. Nehmen Sie sich Zeit dafür und betrachten Sie die Pflanzen vorher genau.

Pflanzen auslichten
Foto 1 und 2
Ausgelichtete Pflanzen ergeben eine schönere Gestaltung. Entfernen Sie deshalb die Blätter und Seitentriebe, die die individuelle Wuchsform und Pflanzengestalt verschleiern. Abgesehen davon verlängern Sie dadurch die Haltbarkeit vieler Pflanzen beträchtlich, denn durch Abschneiden aller überflüssigen Teile wird deren Wasserverdunstung vermindert. Da junge Knospen, Triebe und Blätter weich sind und schnell welken, sollten sie ebenfalls entfernt werden. Die Verdunstungsfläche gelappter Blätter läßt sich ebenfalls reduzieren, indem man einen Teil davon abkneift.

3 Vor dem Binden Pflanzen säubern und nach Sorten getrennt übersichtlich ausbreiten.

4 Stiele mit leichtem Druck zwischen Daumen und Zeigefingern vorsichtig biegen.

Stiele säubern
Foto 3
Entfernen Sie an der unteren Stengelhälfte alle Blätter, Seitentriebe und Stacheln. Dies erleichtert Ihnen die spiralförmige Anordnung der Stengel und beugt Verletzungen vor. Außerdem reduziert sich so im Blumenwasser die Bakterienbildung durch gequetschte Pflanzenteile.

Stiele biegen
Foto 4
Pflanzen mit gebogenen Stielen verleihen einem Strauß Natürlichkeit und sind ideal für die äußeren Straußpartien. Dies sollten Sie bereits bei der Pflanzenauswahl berücksichtigen. Zudem lassen sich viele Blumenstiele mit Hilfe der Fingerwärme auf natürliche Weise formen.

Stielenden präparieren
Fotos 5, 6 und 8
Ihr Blumenstrauß bleibt lange frisch, wenn jede einzelne Pflanze soviel Wasser wie nötig aufsaugen kann. Dies ist nur dann gewährleistet, wenn alle Stielenden unmittelbar vor dem Einstellen in Wasser entsprechend präpariert werden. Dafür gibt es verschiedene Möglichkeiten. Welche Sie anwenden, hängt von der Beschaffenheit der Pflanzen ab.

- Langgezogener Schrägschnitt.
- Einschneiden vom Stielende her (→ Foto 5).
- Quetschen der Stengel (→ Foto 6).
- Erhitzen der Schnittstelle in einer Flamme (→ Foto 8).

Mein Tip: Ein scharfes Messer eignet sich zum Anschneiden von Blumen besser als eine Baumschere. Vorsicht, es besteht Verletzungsgefahr!

5 Pflanzen mit hohem Wasserbedarf, wie zum Beispiel Christrosen- oder Cyclamenblüten, vom Stielende her 2 cm hoch einfach oder überkreuz einschneiden.

6 Holzige Stiele, zum Beispiel von Gehölzen oder Chrysanthemen, mit dem Hammer vorsichtig quetschen, nicht zerschlagen. Dazu den Stiel auf eine Unterlage legen.

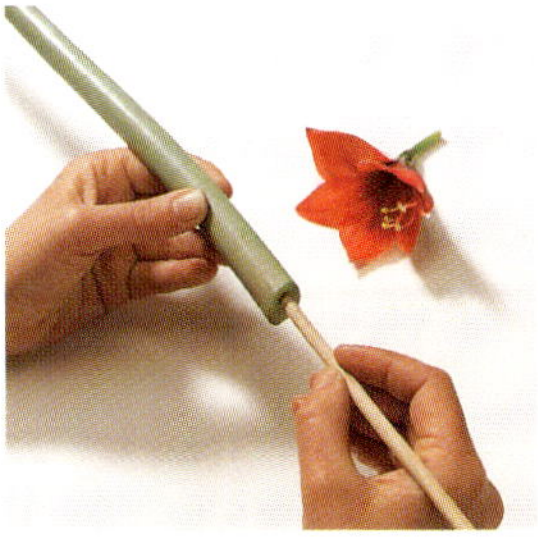

7 Hohle, lange Stiele mit endständigen, schweren Blüten, wie zum Beispiel Amaryllis, stabilisiert man von innen mit einem entsprechend langen Holzstöckchen.

8 Pflanzen mit milchigem Saft (Weihnachtsstern und Wolfsmilchgewächse) »bluten« nicht aus, wenn man den Stiel einige Sekunden in eine Flamme hält.

Praxistips
Foto 7

- Hohle Stiele stützen.
- Stielenden, die sich einrollen (Narzissen, Amaryllis), mit Klebeband umwickeln.
- Rosen so »entstacheln«, daß die Haut nicht verletzt wird.
- Weihnachtssterne, Levkojen und Maiglöckchen halten mit Wurzeln (gesäubert!) länger (→ Foto, Seite 43).
- Die Stielenden von Islandmohn 5 cm hoch einige Sekunden in kochendes Wasser halten und nicht mehr anschneiden.

<u>**Frischetip**</u>
Frisch angeschnittene oder präparierte Stiele trocknen an der Luft rasch ab und behindern damit die optimale Wasseraufnahme. Aus diesem Grund sollten Sie alle Stengel immer erst unmittelbar vor dem Einstellen in Wasser präparieren. Auch beim Wechsel des Blumenwassers Stiele neu anschneiden.

Praxistip
Blumensträuße gelingen am besten, wenn man sie im Stehen bindet und dabei möglichst weit von sich weg hält. Auf diese Weise haben Sie den ganzen Strauß im Auge und können ihn ausgewogen gestalten. Achten Sie dabei auf eine bequeme Körperhaltung und entspannen Sie von Zeit zu Zeit Ihre Hand (→ Seite 54).

Die Stengelspirale
Das spiralförmige Anordnen der Blumenstiele in der Hand bietet viele Vorteile. Üben Sie diese Technik in Ruhe, zum Beispiel mit Holzstäbchen, gerade gewachsenen Zweigen oder trockenen Gräsern. Das geht leichter, und nichts wird welk. Rechtshänder halten die Blumen mit der linken Hand, die rechte reicht zu. Bei Linkshändern ist es umgekehrt. Von Anfang an auch auf die Straußproportion achten. Fassen Sie die Stiele oberhalb des unteren Drittels, und haben Sie etwas Geduld, wenn Sie nicht auf Anhieb zurechtkommen (→ Erste Hilfe bei Bindepannen, Seite 55).

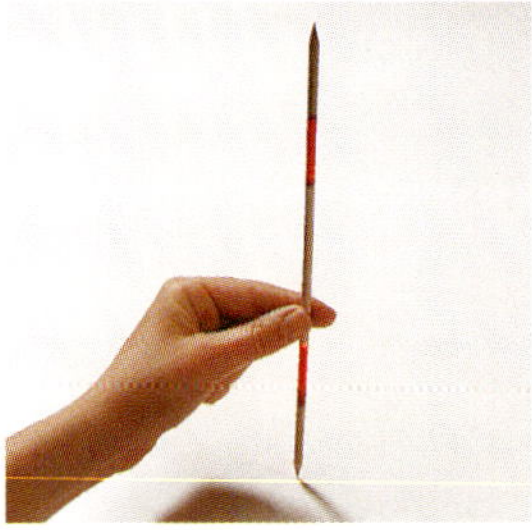

1 Strauß beginnen: Den ersten Stiel leicht nach rechts geneigt festhalten.

2 Zweiten Stiel anlegen: Er kreuzt den ersten vorne und zeigt nach links.

3 Dritter Stiel: Von rechts zwischen Daumen und Fingern durchschieben und am Berührungspunkt der anderen plazieren.

4 Weitere Stiele: Alle folgenden wie den dritten anlegen. Um sie weiter links zu plazieren, am Daumen entlangschieben.

Das Anlegen der Stiele
Fotos 1 bis 4
Halten Sie die ersten Stiele fest zwischen Daumen und Zeige- und Mittelfinger. Wenn der Straußdurchmesser zu dick wird, müssen Sie umgreifen und die Stiele mit der ganzen Hand fassen. Jeder neue Stiel wird jeweils zwischen Daumen und Zeigefinger durchgeschoben und an der gewünschten Stelle plaziert.
Erster Stiel (Foto 1)
Fassen Sie ihn so, daß seine Spitze leicht nach rechts geneigt ist.
Zweiter Stiel (Foto 2)
Er kreuzt den ersten vorne und zwar so, daß er mit der Spitze nach links oben, mit dem Stielende nach rechts unten zeigt.
Dritter Stiel (Foto 3)
Mit dem dritten Stiel bekommt der Strauß Räumlichkeit. Halten Sie ihn fast waagerecht, so daß die Stielspitze (Blüte) Ihre Nase berührt und das Stielende Ihnen genau gegenüberliegt. Führen Sie den Stiel in dieser Position seitlich zwischen Daumen und Zeigefinger durch und plazieren Sie ihn in der Spalte am Berührungspunkt der ersten beiden Stiele. Zum Schluß den Stiel leicht in die Senkrechte schwenken. Jetzt beginnt sich die Spirale schon abzuzeichnen.
Weitere Stiele (Foto 4)
Alle weiteren Stiele werden wie der dritte angelegt. Achtung: Jeder neue muß jeweils parallel und in der Spalte am Berührungspunkt zweier Stiele liegen. Nie entgegengesetzt stecken.

5 Rückseite gestalten: Den neuen Stiel (rot) hinten einstecken.

Räumlich gestalten

Foto 5 und 6

Für die räumliche Straußgestaltung gibt es zwei Möglichkeiten:

Hinter-, Mittel- und Vordergrund nacheinander gestalten. Begonnen wird also mit den Pflanzen, die im Strauß die Rückseite bilden. Den Strauß immer in derselben Position halten. Mittelpunkt zuerst gestalten und anschließend den vorderen Bereich. Es folgen die Pflanzen für die Rückseite. Sie können auf unterschiedliche Weise plaziert werden:

- Stiele hinten einstecken (Foto 5). Den Strauß locker und immer in derselben Position halten. Den neuen Stiel nach rechts neigen und hinten am Strauß parallel zu den anderen einstecken, nicht dagegen (→ Foto 7, Seite 55). Für die linken Partien den Stiel nach links verschoben einstecken.

6 Strauß drehen: Mit Hilfe dieser Technik können Sie alle Seiten bequem und individuell gestalten.

- Strauß drehen (Foto 6). Mit der rechten Hand den Strauß fest an seinen Stielenden fassen. Dabei klappt er zwar zusammen, aber durch die spiralförmige Anordnung kann nichts verrutschen. Alle Pflanzen bleiben am zugewiesenen Platz und lassen sich wieder spreizen. Die zu gestaltende Partie liegt vorne und kann bestückt werden. Sie können einen Strauß beliebig oft drehen und so jeden Bereich individuell bearbeiten.

7 Sträuße straff binden, dann behalten sie die gestaltete Form.

Zuammenbinden

Foto 7

Bastende zwischen Zeige- und Mittelfinger der linken Hand einklemmen und 10 cm überhängen lassen. Stiele 3 – 4mal umwickeln. Dabei den Bast jeweils über den linken Arm führen, loslassen und von rechts hinten wieder greifen. Strauß an der Tischkante ablegen und Enden verknoten (→ Seite 54/55).

Der ideale Standort

Ihr liebevoll gestalteter Blumenstrauß hält lange frisch, wenn Sie ihn vor Hitze, direkter Sonne und Zugluft schützen. Ideal ist ein kühler, schattiger Platz. Auf keinen Fall sollten Sie ihn in unmittelbarer Nähe der Heizung oder direkt hinter der Scheibe eines Südfensters aufstellen.

Mit einer schönen Bindestelle wirken Sträuße, die ohne Vase oder in Gläsern präsentiert werden, abgerundet und vollkommen. Zu rustikalen Sträußen passen Weidenruten (→ Foto, Seite 20/21) oder geschmeidige Gräser (→ Foto rechts). Für elegante Geschenksträuße eignet sich Schmuckband in verschiedenen Farben (→ Foto, Seite 30/31).

Richtig binden
Mit was Sie einen Strauß zusammenbinden, ist abhängig von den verwendeten Pflanzen. Das Bindematerial soll die Stiele zwar fest aneinanderpressen, aber nicht zerschneiden. Paßt es außerdem zum Charakter der verwendeten Pflanzen, wirkt das noch harmonischer. Einen besonderen Effekt ergeben farbige Garne.

- Natur- oder Raffiabast wird geschmeidiger, wenn man ihn vorher anfeuchtet. Seine Fasern sind unterschiedlich stark. Die dünnen verwendet man für kleine Sträuße mit empfindlichen Stielen, die dicken für große Sträuße mit derben Stengeln. Doppelte Fasern ergeben noch mehr Stabilität.
- Den Bast straff um die Stiele wickeln, jedoch nicht zu oft. Die Bindestelle soll so schmal wie möglich und so breit wie nötig sein.
- Ob ein Strauß fest genug gebunden ist, läßt sich mit einem einfachen Trick testen. Halten Sie ihn aufrecht und nur an einem Blumenstiel unterhalb der Bindestelle. Nichts darf verrutschen (→ Foto 8).
- Schmuckbänder sind meist nicht stabil. Verwenden Sie diese deshalb nur zum Dekorieren der Bindestelle.

1 <u>Bindestelle dekorieren:</u> Frische, geschmeidige Gräser um die Bindestelle wickeln und verknoten.

Bindestelle dekorieren
Fotos 1 und 2
Entweder Sie binden einmal mit einem stabilen und gleichzeitig dekorativen Material (→ links) oder zweimal. Die erste Bindung hält den Strauß zusammen, die zweite ist Dekoration. Dies empfiehlt sich zum Beispiel bei Koniferensträußen, die mit Draht gebunden sind (→ Foto 2). Verwenden können Sie ansprechende Bänder und Naturmaterialien (→ Foto 1).

2 Steckdraht um holzige Stiele legen und mit der Flachzange zusammendrehen.

Hände entspannen
Beim Gestalten kann Ihre Hand ermüden. Hier Tips zum Lockern:

- Blumen ungebunden vorsichtig an der Tischkante ablegen (→ Foto 4).
- Stiele provisorisch mit Bast umwickeln und ablegen.
- Den Strauß vorübergehend mit der anderen Hand halten.

3 Stiel einfügen: Von oben zwischen die anderen stecken, aber immer parallel, nie entgegengesetzt (→ Foto 7 unten).

4 Strauß ablegen: Schwere Pflanzen liegend an der Tischkante binden. Schräg legen, um Blüten nicht zu drücken.

5 Zwischenbinden: Die ersten Stiele, nach und nach alle weiteren mit langem Bast umwickeln, zum Schluß verknoten.

Bereiten Sie zu Beginn alle Pflanzen vor und legen Sie sie getrennt nach Sorten auf den Tisch. Bast ebenfalls parat legen. So gerüstet können Sie sich voll aufs Gestalten konzentrieren. Zum Schluß Stiele anschneiden oder präparieren und den Strauß sofort ins Wasser stellen.

Spezielle Bindetricks
Fotos 3 bis 5
Einige Kniffe erleichtern Ihnen das Straußbinden zusätzlich:

- Stiele einfügen (→ Foto 3). Mit dieser Technik können Sie im Strauß »Löcher« ausbessern und vorzeitig verwelkte Pflanzen herausnehmen und erneuern.
- Sträuße liegend gestalten (→ Foto 4) erleichtert die Arbeit mit schweren Pflanzen. Auf diese Weise können Sie einen Strauß auch vorübergehend ablegen, ohne daß etwas verrutscht.
- Zwischenbinden (→ Foto 5) ist bei großen Sommersträußen angesagt. Dicke Stiele, zum Beispiel von Gladiolen, lassen sich oft nicht gleichzeitig fassen. Sie können mit Hilfe dieser Technik trotzdem zu üppigen Gebinden verarbeitet werden. Noch einfacher wird die Arbeit, wenn Sie solche Sträuße liegend gestalten.

Erste Hilfe bei Bindepannen
Fotos 6 bis 8
Drei Bindefehler kommen besonders häufig vor. Sie sind leicht zu erkennen und können meist schnell behoben werden.

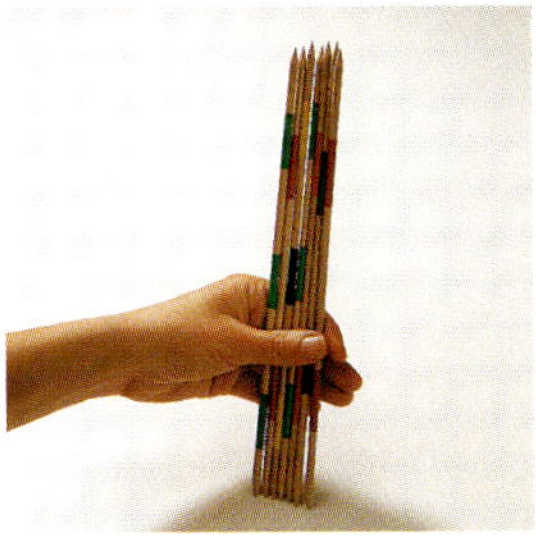

6 Bindefehler: Die Stiele liegen flach nebeneinander. Abhilfe: Pflanzen räumlich anordnen (→ Seite 52).

7 Bindefehler: Ein Stiel (rot) liegt nicht parallel. Abhilfe: Stiel entfernen und korrekt einfügen (→ Foto 3 oben).

8 Bindefehler: Nach dem Zusammenbinden verliert der Strauß seine Form. Abhilfe: Bast entfernen, nochmals fest binden.

Gehölze als Steckhilfe
Eine praxiserprobte Alternative zu Grün als Steckhilfe sind unbelaubte, gegabelte Zweigstücke von Gehölzen. Die Zweige mit den Gabelenden voraus senkrecht und dicht ins Gefäß stellen. Anschließend die Blumen dazwischenstecken.

1 Zum Einstecken der Blumen das Grün locker halten.

Grün als Hilfsmittel
Sträuße stecken ist die ideale Alternative zum Binden. Diese Technik eignet sich hervorragend zum Gestalten großer Sträuße mit schweren Pflanzen (→ Foto, Seite 27). Mit ihr sind Sie auch erfolgreich, wenn Sie einzelne Pflanzen wirkungsvoll in Szene setzen möchten. Besonders leicht ist es, alle Pflanzen direkt in der Vase zu arrangieren. Oder Sie stecken sie in ein Grünbüschel, das Sie in der Hand halten. Gut geeignet sind buschige Zweige. Sie geben den eingesteckten Pflanzen festen Halt. Pflanzen mit kleinen, ledrigen Blättern sind besser als solche mit großem, weichem Laub. Ideal sind Buchsbaum oder Nadelgehölze wie Scheinzypresse und Wacholder. Lebendiger wirkt ein Strauß, wenn Sie die Zweige untereinander mischen.

In der Hand stecken
Foto 1
Im unteren Drittel der Grünzweige alle Seitentriebe und Blätter entfernen. Blumen – sie sollten länger als die Grünzweige sein – ebenfalls vorbereiten und zum Stecken schräg anschneiden. Das Grün in der Hand kugelig anordnen und locker halten. Die Blumen von oben einstecken. Die Stielenden müssen unten hinausragen. Falls nötig, Stiele nach unten durchziehen.

2 Als »Fundament« ist buschiger Buchsbaum ideal. Er gibt Halt und wird im Wasser nicht so schnell faulig.

3 Grün über den Rand ragen lassen, dann halten auch seitlich eingesteckte Pflanzen.

In der Vase gestalten
Foto 2 und 3
Grünzweige dicht in die Vase stellen und etwas über den Rand ragen lassen. Die unteren Triebe und Blätter nicht entfernen, sie geben zusätzliche Stabilität. Blumen vorbereiten, schräg anschneiden und einstecken.

4 Kurzgefaßtes, buschiges Grün zwischen den Stielen hält die Blumen an ihrem Platz, mit dem notwendigen Abstand.

5 Pflanzen mit weichen oder angeknickten Stielen stützt man mit einem unterlegten, buschigen Grünzweig.

6 Sträuße, die außen zu sehr überhängen, bringt man durch einzelne Blätter oder mit einer Blattmanschette in Form.

Praxistips
Fotos 4 bis 6
Grün ist nicht nur ein bewährtes Hilfsmittel, wenn Sie Sträuße stecken. Auch beim Straußbinden ist es gut zu gebrauchen. Es hält Pflanzen »in Form« und erleichtert das Gestalten auf vielfältige Weise.

- Dicke Stengel mit Grün ummanteln: es erleichtert das Anlegen weiterer Stiele und hält den Abstand zwischen den Blumen (→ Foto 4).
- Grün auf empfindliche Blumenstiele gelegt, schützt diese vor Verletzungen.
- Kopflastige oder einseitig gewachsene Pflanzen verrutschen nicht, wenn man sie an der Bindestelle mit Grün fixiert.
- Weiche überhängende Stiele stützt man durch Unterlegen (→ Foto 5).
- Sträuße mit zu ausschwingenden Rändern bringt man durch Anbringen von Blättern »in Form« (→ Foto 6). Eine Blattmanschette verleiht kompakten Sträußen eine abgerundete Wirkung, so wie ein Gemälde durch einen passenden Rahmen noch besser zur Geltung kommt. (→ »Biedermeierstrauß«, Foto, Seite 64).
- In kompakten Sträußen mit gleichmäßigem Umriß die Zweige vorher entspitzen, damit sie nicht über die Oberfläche hinausragen.

Haltbares Grün
Alle Pflanzen treiben im Mai/Juni neue Blätter. Diese helleren Triebspitzen werden schnell welk, deshalb sollte man sie vor dem Verarbeiten abschneiden. Hartlaubige Pflanzen sind von Natur aus vor Verdunstung geschützt. Sie halten im warmen Zimmer deshalb besser als weichlaubige. Außerdem lassen sie sich hervorragend trocknen.

Gestaltungstip
Laub eignet sich ideal als natürliches Hilfsmittel beim Plazieren der Pflanzen. Verwenden Sie aber immer nur soviel, wie zum Fixieren der Pflanzen unbedingt nötig. Zuviel Grün macht Sträuße plump und unruhig und läßt die Blütenfarben stumpf wirken. Grün ist außerdem nicht gleich Grün. Die Farbpalette reicht von Blaugrün über Gelbgrün bis zu Nuancen mit silbrigem oder rötlichem Schimmer. Es gelten dieselben Farbregeln wie für Blüten (→ GRUNDKURS GESTALTUNG, Seite 14/15).

Blüten und Grün
Exotisches Laub, zum Beispiel von Palme oder Philodendron, paßt am besten zu tropischen Blüten wie Orchideen oder Bromelien. Gartenblumen wirken sehr natürlich, wenn man sie mit Zweigen von Laubgehölzen, Blättern von Stauden oder Gräsern kombiniert.

1 Welkes eng einwickeln. Über Nacht tief wässern.

2 Unter der Papierhaube bleibt ein Strauß frisch.

Gebunden in die Vase

Einen schön gestalteten Blumenstrauß immer gebunden in die Vase stellen, er fällt sonst auseinander. Die Haltbarkeit wird dadurch nicht gemindert, vorausgesetzt alle Pflanzen sind optimal vorbereitet (→ GRUNDKURS TECHNIK, Seite 50). Aufbinden ist nur ratsam, wenn sich der Vasenhals eng um die Stiele schmiegt.

Sträuße frischhalten
Foto 2
Sträuße bindet man oft schon einige Zeit, bevor sie benötigt werden. Damit sie in der Zwischenzeit frisch bleiben und nicht unansehnlich werden, hier einige Lagertips:

- Bis über die Bindestelle in Wasser stellen und einen Bogen Zeitungspapier darüberlegen. Darunter entsteht ein feuchtes Kleinklima. Strauß an einem kühlen, schattigen und vor Zugluft geschützten Platz aufstellen.
- Vorsicht hingegen beim Ansprühen mit Wasser. Zwar wird die Verdunstung gemindert, aber vor allem weiße Blüten reagieren darauf empfindlich und werden unansehnlich.

3 Papier manschettenartig um den Strauß legen und an der Bindestelle mit Schmuckband fixieren.

Straußtransport
Foto 4
Hier einige Kniffe für den Straußtransport.

- Strauß und Stiele mit Papier verpacken. Bei Kälte Papier doppelt nehmen.
- Die Pflanzen mit einem Wasserreservoir versehen (→ Foto 4) oder in ein

4 Wasserreservoir: Beutel doppelt nehmen, Wasser einfüllen, Strauß hineinstellen und zubinden. Danach in Papier verpacken.

Orchideengläschen stellen (wenn der Strauß klein ist).

- Blumen bei Minusgraden oder Hitze nicht im Kofferraum transportieren. Besser: Strauß einpacken, Stiele frei lassen. Einen großen Eimer 10 cm hoch mit Wasser füllen, zwischen Vorder- und Rücksitz klemmen und Strauß hineinstellen. Um die Bindestelle herum Zeitungspapier stopfen, dann hat der Strauß einen festen Stand.

Blumensträuße präsentieren
Foto 3
Beim Überreichen von Sträußen empfiehlt es sich, folgende Stilregeln zu beachten:

- Den Strauß immer aufrecht und nicht kopfüber halten.
- Vorher aus der Papierhülle lösen und nur die Stiele zum Schutz der Hände verpackt lassen. Alternative: Den Strauß bereits vorher entsprechend verpacken, das heißt, mit einer Papiermanschette umhüllen. (→ Foto 3).
- Folienumhüllte Sträuße verpackt überreichen. Verpackung aber bald entfernen, da die Pflanzen zu faulen beginnen.

Das Einpassen in die Vase
Fotos 6, 7 und 8
Nicht immer ist eine passende Vase zur Hand. Für diese Fälle gibt es die folgenden Tricks:

- Stiele kürzen. Für Vasen mit senkrechten Wänden die abstehenden äußeren mehr abschneiden.
- Stiele mit Hölzchen verlängern (→ Foto 7).
- Strauß einklemmen (→ Fotos 6 und 8).

5 Wasser einfüllen: Sträuße bleiben lange frisch, wenn man die Stiele bis über die Bindestelle mit Wasser versorgt.

7 Stiele verlängern: Ist die Vase zu hoch, ein Stäbchen anspitzen und von unten zwischen die Stiele stecken.

Wieviel Wasser ist nötig?
Foto 5
Tief ins Wasser gestellt, halten die meisten Pflanzen am besten. Solchen mit weichen, schnell faulenden Stielen nur soviel Wasser geben, daß sie nicht welken, zum Beispiel Gerbera. Wasser täglich wechseln, Vase mit einem Reinigungsmittel säubern. Stiele immer neu anschneiden.

6 Strauß zentrieren: Ist die Vase zu breit, Folie um die Stiele wickeln. Glasvasen füllt man rund um die Stiele mit Kieseln.

8 Strauß festklemmen: Mit einem Hölzchen oder Zweig den Strauß festklemmen. Vorsicht bei empfindlichen Vasen!

Wenn Pflanzen welken
Foto 1

- Überflüssige und welke Pflanzenteile entfernen. Pflanzen neu anschneiden, eng in Papier einwickeln und bis zum Blattansatz an einem kühlen Platz ins Wasser stellen.
- Welke Rosen oder Orchideenrispen zur Erfrischung ganz in Wasser legen. Stiele müssen untergetaucht sein.

Sträuße ausbessern
In einem Strauß welken die Pflanzen oft unterschiedlich schnell. Vernichten Sie ihn dann nicht gleich, denn Sie können ihn ganz leicht erneuern: Strauß aus der Vase nehmen und locker halten. Bast lösen, Welkes herausziehen und frische Pflanzen nachstecken (→ Foto 3, Seite 55).

REGISTER

Die **halbfett** gesetzten Seitenzahlen verweisen auf Farbfotos.
U = Umschlagseite

Paradiesisch leben. Mit GU.

Ob kleines Usambaraveilchen, riesige Palme oder edler Rosenstrauch – so richtig grünt und blüht es im Zimmer, auf dem Balkon und im Garten nur dann, wenn Sie auch die Ansprüche Ihrer Pflanzen kennen.
Das nötige Wissen über Kauf, Pflanzung und Pflege vermitteln die

- GU Ratgeber Zimmerpflanzen
- GU Ratgeber Balkon und Terrasse
- GU Ratgeber Garten.

14,80 DM/116,-öS/14,80 sFr.

Änderungen und Irrtum vorbehalten.

14,80 DM/116,-öS/14,80 sFr.

14,80 DM/116,-öS/14,80 sFr.

14,80 DM/116,-öS/14,80 sFr.

14,80 DM/116,-öS/14,80 sFr.

**Mehr draus machen.
Mit GU.**

GU GRÄFE UND UNZER

Dank
Autor und Verlag danken Claudia Wörner, Blumenbinderin und Gärtnerin, für ihre Unterstützung bei den Fotoaufnahmen.

Bücher, die weiterhelfen

Buff, W.; v.d. Dunk, K.: *Giftpflanzen in Natur und Garten.* Paul Parey Verlag, Berlin
Englbrecht, J.: *Blumen aus dem Bauerngarten.* Gräfe und Unzer Verlag, München
Hertle, B.; Kiermeier, P.; Nickig, M.: *Großer GU Pflanzen-Ratgeber Gartenblumen.* Gräfe und Unzer Verlag, München
Wegener, U.: *Sträuße. Geschichte, Technik, Gestaltung.* Eugen Ulmer Verlag, Stuttgart
Weimar, M.: *Kränze selbst gemacht.* Gräfe und Unzer Verlag, München
Weimar, M.: *Pflanzenschmuck für Advent und Weihnachten selber machen.* Gräfe und Unzer Verlag, München
Weimar, M.: *Trockenblumen selbst gesteckt.* Gräfe und Unzer Verlag, München

Zeitschriften

Flora.
Gruner + Jahr AG & Co., 20444 Hamburg
Kraut & Rüben.
BLV Verlagsgesellschaft mbH, Lothstraße 29, 80797 München
mein schöner Garten.
Burda Verlag GmbH, Hauptstraße 130, 77652 Offenburg

Der Autor
Martin, Weimar, Gärtner und Blumenkünstler, Teilnehmer zahlreicher Kunstausstellungen, hält seit vielen Jahren Kurse rund ums künstlerische Gestalten.
Alle abgebildeten Arrangements in diesem Buch hat er gestaltet. Er ist Autor mehrerer GU Pflanzen-Ratgeber.

Strauß auf der folgenden Doppelseite
Für eine heitere Stimmung beim Nachmittagskaffee sorgt dieser sommerlich üppige Strauß. Er wirkt überaus kunstvoll durch die exakte, kreisförmige Anordnung der Blüten und ist damit historischen Vorbildern nachempfunden. Pflanzen mit Korbblüten sind für solch einen Strauß besonders gut geeignet, vor allem auch, weil man mit ihrer Blütengröße variieren kann.
Die Mitte bildet eine rote Zinnie. Es folgen Wucherblumen (gelb/weiß), Leberbalsam (blau), Margeriten (gelb/weiß) und Dahlien (rot/weiß). Zwischen den Dahlien ist »Schnee auf dem Berge« (*Euphorbia*) plaziert. Alle Blumen sind in ein »Fundament« aus Buchsbaum gesteckt (→ GRUNDKURS TECHNIK, Seite 56).

Die Fotografen
Die Fotos wurden im Fotostudio Teubner aufgenommen von Odette Teubner und Dorothee Gödert.

Warnung und Hinweis
In diesem Buch geht es um die Gestaltung von Blumensträußen. Einige der dafür genannten Pflanzen sind giftig oder sondern schleimhautreizende Stoffe ab. Achten Sie darauf, daß Kinder oder Haustiere diese Pflanzen nicht essen, da sonst erhebliche gesundheitliche Störungen auftreten können. Informieren Sie sich im Zweifelsfalle in der Fachliteratur. Und stellen Sie die Sträuße, in denen solche Pflanzen verarbeitet sind, unbedingt für Kinder und Haustiere unerreichbar auf.
Beim Schneiden und Vorbereiten der Pflanzen kann man sich an Dornen oder Stacheln verletzen. Auch beim Umgang mit Werkzeugen kann es trotz Vorsicht zu Verletzungen kommen. Gehen Sie im Zweifelsfall auch bei kleinen Verletzungen zum Arzt.

Redaktion:
Katrin Behrend,
Anita Zellner
Satz und Herstellung:
Michael Bauer,
Weißenfeld
Produktion:
Eva Hehemann
Fotos: Odette Teubner,
Dorothee Gödert
Gestaltung der Sträuße:
Martin Weimar
Layout: Heide Blut
Umschlaggestaltung:
Heinz Kraxenberger
Reproduktion:
Penta, München
Druck und Bindung:
Kaufmann, Lahr

ISBN 3-7742-2630-X

Auflage 5. 4. 3. 2. 1.
Jahr 99 98 97 96 95

Die Fotos auf der Umschlagrückseite:
Runder Herbststrauß aus brokatfarbenen Liliput-Zinnien (Foto oben links). Schlichtes Sträußchen aus nostalgischen Rosenblüten (Foto oben rechts) Rustikaler Gräserstrauß mit Lilie in einer Schale (Foto unten).

Dieser prächtige Blumenstrauß bringt Stimmung auf die Kaffeetafel (→ Anleitung, Seite 63).